Inhalt

Biotech-Szene - Positive Erwartungen für das Jahr 2007

GENIOS BranchenWissen Nr. 01/2007 vom 24.01.2007

Biotech-Szene - Positive Erwartungen für das Jahr 2007

Autor GENIOS BranchenWissen: A.Schneider

Kernthesen

- Die europäischen Biotech-Firmen erwarten 2007 ein Gewinnplus von gut 20 Prozent.
- Der sich bereits 2006 abzeichnende Trend zur Übernahme von Biotech-Herstellern durch forschende Pharmaunternehmen soll 2007 anhalten.
- Auch andere Industrien, wie die chemische Industrie, die Lebensmittel-, Kosmetik-, Textil- und Papierindustrie, haben ein wachsendes Interesse am industriellen Einsatz der Biotechnologie.
- Die deutschen Biotechnologie-Unternehmen konzentrieren sich

hauptsächlich auf die Bereiche Gesundheit und Medizin. Als vielversprechendster Wachstumsmarkt gelten derzeit die Krebsmedikamente.

Beitrag

Vielen Pharmakonzernen mangelt es trotz Forschungsbudgets von rund 15 Prozent des Umsatzes an schlagkräftigem Medikamentennachschub. Daher werden die Errungenschaften aus der Biotech-Szene auch 2007 auf reges Interesse stoßen.

Positive Erwartungen für das Jahr 2007

Vor allem die Genforschung sorgt immer wieder für neuen Stoff aus dem klangvolle Schlagzeilen, spannende Romane und visionäre Forscherträume entstehen. So lesen wir aktuell die Schlagzeile von BSE-resistenten gentechnisch veränderten Rindern, den neuen Roman von Michael Crichton Next, der von den jüngsten Revolutionen der Genforschung und deren industrieller Verwertung handelt, und von Jay Keasling, der in Kalifornien davon träumt, mit genormten DNS-Bausteinen die nächste biotechnologische Revolution zu starten. (1), (2), (3)

Doch glücklicherweise beschert die Biotech-Branche ihren Anhängern, Aktionären und Fondmanagern inzwischen auch wieder handfeste, lukrative Ergebnisse und berechtigte Hoffnungen. Branchenkenner erwarten 2007 ein hervorragendes Jahr für die Biotech-Branche. So sollen die europäischen Biotech-Firmen gut 20 Prozent Gewinnplus machen, die US-amerikanischen Biotech-Unternehmen sogar durchschnittlich 30 Prozent. (4) Spektakuläre Börsengänge werden hingegen nicht erwartet. Zwei oder drei Börsengänge aus der Branche könnten es 2007 in Deutschland sein.

Trend zur Übernahme von Biotech-Unternehmen

Die etablierte forschende Pharmaindustrie bringt selbst immer weniger innovative Präparate auf den Markt. 2005 sank die Zahl der von der Federal Drug Agency (FDA) neu zugelassenen Medikamente um 40 Prozent gegenüber dem Vorjahr. Um bei der Suche nach neuen Wirkstoffen und innovativen Präparaten schneller zu Ergebnissen zu kommen, entscheiden sich daher immer mehr Pharmaunternehmen neben der Zusammenarbeit über Lizenzvereinbarungen auch für die Übernahme von Biotech-Firmen.

Das Jahr 2004 war noch stark durch Zusammenschlüsse von Biotechnologie-Unternehmen untereinander geprägt. 2005 traten dann Pharmakonzerne wie Pfizer und Novartis verstärkt als Käufer auf. Und 2006 kam der Markt für Übernahmen aus der forschenden Pharmaindustrie kräftig in Schwung. So erwarb etwa die deutsche Merck für 11 Milliarden Euro den Biotechnologieanbieter Serono. Eli Lilly übernahm Icos und Novartis kaufte Neurotec. Europas größter Pharmakonzern GlaxoSmithKline erwarb kürzlich die weltweiten Rechte an einem Leukämie-Medikament der dänischen Biotech-Firma Genmab.

Für 2007 erwartet die Branche weitere Übernahmen. So werden etwa MorphoSys und GPC Biotech als attraktive Übernahmeziele gesehen. Antikörper-Spezialist MorphoSys zählt heute bereits die Mehrzahl der 20 größten Pharmakonzernen zu seinen Kunden, während GPC Biotech mit dem Entwicklungsprojekt Satraplatin ein interessantes Krebsmedikament vor der Zulassung hat. (4)

Partnerschaft mit anderen

Industrien

Die Errungenschaften der Biotechnologie sind nicht nur bei den Pharmakonzernen gefragt, auch andere Industrien, wie zum Beispiel die chemische Industrie, die Lebensmittel-, Kosmetik-, Textil- und Papierindustrie, haben ein wachsendes Interesse am industriellen Einsatz der Biotechnologie. Bei der Weißen oder Industriellen Biotechnologie geht es darum, gängige industrielle Produktionsprozesse durch den Einsatz biotechnischer Verfahren fortschrittlicher, sprich schneller und billiger, zu machen. So soll beispielsweise der Anteil von Chemieprodukten, die durch biotechnische Verfahren hergestellt werden, von gegenwärtig fünf Prozent bis 2010 auf 10 bis 20 Prozent anwachsen. Die Chemiebranche investiert mehrstellige Millionenbeträge in den industriellen Einsatz der Biotechnologie. Firmen wie Brain in Zwingenberg, BioSpring in Frankfurt oder Protéus in Südfrankreich sind mit wachsendem Erfolg auf dem Gebiet der industriellen Biotechnologie tätig und profitieren von Partnerschaften mit industriellen Auftraggebern wie Henkel, BASF oder Degussa. (5)

Ende des Jahres 2006 haben sich unter dem Dach des "Industrieverbundes Mikrobielle Genomforschung", Düsseldorf, erstmals namhafte Unternehmen der Chemie-, Pharma- und Ernährungsindustrie zusammengeschlossen, um die mikrobielle Genomforschung als Technologie hin zur industriellen Anwendung mit großem Einsatz voranzutreiben. Dies erfolgt in enger Kooperation mit dem Bundesministerium für Bildung und Forschung (BMBF) sowie akademischen Forschungsgruppen. Die Projekte sollen die Effizienz beim Einsatz von Mikroorganismen in technischen Prozessen steigern und neue Produkte aus Mikroorganismen mit neuen Eigenschaften hervorbringen. Diese Aktivitäten sollen einen wichtigen Beitrag zur weiteren Entwicklung der Weißen Biotechnologie in Deutschland leisten. Für Projekte auf dem Gebiet der Weißen Biotechnologie werden Industrie und BMBF in den nächsten zehn Jahren rund 600 Mio. Euro bereitstellen. Der Industrieverbund Mikrobielle Genomforschung wird unterstützt von BASF, Bayer Crop Science, BRAIN, Degussa, Henkel, Milupa, Schering, Südzucker, Wacker sowie weiteren klein- und mittelständischen Unternehmen. (6)

Wachstumsmarkt Krebserkrankungen

Als vielversprechendster Wachstumsmarkt der Biotechnologie gelten derzeit die Krebsmedikamente. Mit steigender Lebenserwartung erhöht sich das

Risiko, an Krebs zu erkranken. Dies hält die Nachfrage nach Onkologie-Produkten hoch. Derzeit wird weltweit ein Umsatz von 31 Milliarden Dollar mit Krebspräparaten erwirtschaftet. 2010 könnten es bereits 66 Milliarden sein. Bereits vor Ende des Jahrzehnts könnte der Onkologie-Markt den derzeit nach Umsatz führenden Herz-Kreislaufmarkt abgelöst haben und ein Wachstum von 20 Prozent an den Tag legen. (7)

Die deutschen Biotechnologie-Unternehmen konzentrieren sich hauptsächlich auf die Bereiche Gesundheit und Medizin. Gut 80% aller dedizierten Biotechnologie-Unternehmen widmen sich unter anderem diesem Tätigkeitsfeld. Rund ein Fünftel der Firmen beschäftigt sich mit Tiergesundheit, ein Zehntel ist der Industriellen Biotechnologie zuzuordnen und etwa ebenso hoch liegt der Anteil der Unternehmen, die biotechnologische Methoden in der Landwirtschaft anwenden.
Methoden der Genomik und Proteomik stellen die Mehrheit der in der deutschen Biotechnologie verwendeten Verfahren dar. Die Hälfte der 480 dedizierten Unternehmen arbeitet zudem mit Zell- und Gewebekulturen. Rund ein Viertel verwendet systembiologische Verfahren und ein Fünftel bewegt sich im Grenzbereich zwischen Biotechnologie und Nanotechnologie.

Visionär: Gentechnologie

Der wohl noch am visionärsten anmutende Bereich der Biotechnologie ist die Gentechnologie. Seit dem Klonschaf Dolly lesen und hören wir bald täglich neue (angebliche?) Erfolgsstories aus diesem Forschungsgebiet.
So verkündete eine Gruppe von Forschern in den vergangen Tagen, dass sie gentechnisch veränderte Rinder geschaffen habe, die möglicherweise resistent seien gegen den Rinderwahnsinn BSE. Damit stellen sie in Aussicht, schon bald BSE-freie Rinderprodukte im großen Stil schaffen zu können. (1)

Wissenschaftler von der Wake Forest University und der Harvard Medical School lassen wissen, dass sie aus Resten der Flüssigkeit von Fruchtwasseruntersuchungen erstmals einen vielseitigen Stammzelltyp isoliert haben, der über lange Zeit zur Selbsterneuerung fähig sei. Damit könnten in ferner Zukunft mit dem Zellmaterial aus dem Fruchtwasser etwa Herzmuskelzellen für Infarktopfer oder gar ganze Ersatzorgane für die Transplantationsmedizin gezüchtet werden. (8)

Und der Bio-Ingenieur Jay Keasling träumt in Kalifornien gar davon, mit einem Baukasten mit Lego-DNS-Bausteinen nach Maß die nächste biotechnologische Revolution zu starten. Genetisch umgekrempelte Kolibakterien und Hefezellen will er aus standardisierten Einzelteilen erzeugen. Die Mikroben sollen am Fließband und in großen Mengen ausspucken, was das Herz begehrt: Medikamente, Rohstoffe wie Gummi, selbst Benzin. Damit könnte dann viel Gutes getan werden. So etwa könnten tonnenweise Pharmawirkstoffe produziert, mit Schwermetallen verseuchtes Abwasser gereinigt oder Artemisinin hergestellt und damit die Malaria flächendeckend so günstig wie nie bekämpft werden. (3)

Fallbeispiele

Die größte Übernahme vollzog im vergangenen Jahr der Darmstädter Pharma- und Chemiekonzern **Merck**. Er arbeitet daran, sich als attraktiver Partner für Biotechnologiefirmen zu positionieren und übernahm Europas größtes Biotechunternehmen Serono für rund 11 Milliarden Euro. Und vor wenigen Tagen kam eine Erfolgsmeldung für die Entwicklung des Darmkrebsmittels Erbitux. In einer umfangreichen klinischen Studie hat Erbitux die Zielvorgaben des Konzerns erfüllt. Damit ist die

Wahrscheinlichkeit gestiegen, dass Erbitux bald eine erweiterte Zulassung bekommt und dadurch bis zu 500 Mio. Euro Umsatz pro Jahr zusätzlich zu den bisherigen Einnahmen erzielt werden könnten, schätzen Analysten. Merck hatte 1998 die Entwicklungs- und Vermarktungsrechte für das Mittel außerhalb der USA und Kanada vom US-Biotechkonzern Imclone erworben. (9)

Als eine der erfolgreichsten deutschen Biotechfirmen wird derzeit **Medigene** betrachtet. Das Münchner Unternehmen hat nach dem Krebsmittel Eligard, dessen Vertrieb der japanische Partner Astellas übernommen hat, nun auch auf ein zweites Produkt, nämlich Polyphenon, eine Zulassung erhalten. Polyphenon gehört zu den lediglich 18 neuen Wirksubstanzen, die 2006 den Segen der amerikanischen Zulassungsbehörde FDA erhielten. Und mit weiteren vier Substanzen in der klinischen Prüfung ist zumindest eine gewisse Streuung der Risiken gewährleistet. (10)

Folgende Beispiele belegen die wachsende Symbiose zwischen Biotechnologie und Industrie:

Henkel

lässt bei Brain nach neuen Waschmittelenzymen

suchen, die bei Temperaturen unter 30 °C ihre beste Wirksamkeit entfalten. Dadurch ließen sich Energie, Wasser und waschaktive Chemikalien einsparen.

Degussa

investiert 50 Millionen Euro in ein "Science-to-Business-Center Bio" im nordrhein-westfälischen Marl. Ab 2007 erforschen dort 60 Wissenschaftler gemeinsam mit Hochschulen und Biotech-Firmen neue biotechnologische Produkte und Prozesse auf Basis natürlicher Rohstoffe. Einen Schwerpunkt bilden neue Arzneimittelkomponenten, die etwa Aufnahme und Verteilung eines Wirkstoffes im Körper steuern.

BASF

will bis 2008 insgesamt 160 Millionen Euro in die industrielle Biotechnologie investieren. Mit der Berliner Biotech-Firma OrganoBalance zum Beispiel entwickelt die BASF-Tochter BASF Future Business neue Produkte für Körperpflege und Mundhygiene, die auf Milchsäurebakterien basieren. OrganoBalance sucht seine firmeneigene Bakterienbank nach Mikroorganismen ab, die Karieserreger bekämpfen oder Körpergeruch vermeiden. BASF macht dann aus geeigneten Bakterienstämmen marktfähige Produkte. (5)

Zahlen & Fakten

- In Deutschland beschäftigen sich insgesamt 480 Unternehmen wesentlich oder ausschließlich mit Verfahren der Biotechnologie, bei weiteren 59 Firmen ist die moderne Biotechnologie ein Geschäfts- oder Tätigkeitsfeld neben anderen, wie zum Beispiel Pharma- und Chemieunternehmen oder Saatgutherstellern. (11)

- Rund 24 000 Beschäftigte arbeiten in der kommerziellen Biotechnologie. Davon sind rund 13 000 bei den 480 dedizierten Biotech-Unternehmen tätig.

- Die 480 dedizierten Biotech-Unternehmen generierten im Jahr 2005 rund 1,5 Milliarden Euro Umsatz. Dem steht ein Forschungs- und Entwicklungsbudget von rund 700 Millionen Euro gegenüber.

- Etwa 120 gentechnisch hergestellte Arzneimittel befinden sich in Deutschland auf dem Markt; davon stammen 17 aus deutscher Produktion.

- In der deutschen Biotech-Branche überwiegen kleine Unternehmen. Gut 88% der Firmen beschäftigen weniger als 50 Mitarbeiter. Knapp 48% haben zwischen 10 und 49 Angestellte, ein großer Anteil von 40% hat nur 1 bis 9 Mitarbeiter. 7% aller Unternehmen beschäftigen zwischen 50 und 99 Mitarbeiter. Nur 4,5% der 480 dedizierten Biotech-Unternehmen haben mehr als 100 Mitarbeiter und lediglich 1% erreicht mehr als 249 Beschäftigte.

- Eine wichtige Finanzierungsquelle für die deutsche Biotech-Branche ist Wagniskapital (Venture Capital). Insgesamt waren 44% der dedizierten Biotech-Unternehmen (Anzahl 211) im Jahr 2005 VC-finanziert.

- Die Biotechnologie in Deutschland ist eine räumlich verteilte Branche mit einigen größeren Clustern. Die größte Anzahl an Biotech-Unternehmen ist in Bayern (Anzahl 94) zu finden, gefolgt von Baden-Württemberg (Anzahl 77) und Nordrhein-Westfalen (Anzahl 55). Würde man Berlin und Brandenburg als Cluster zusammenfassen, läge dieser mit 84 Unternehmen an zweiter Stelle. Die geringste Anzahl an dedizierten Biotech-Unternehmen gibt es im Saarland (Anzahl 3) sowie in Bremen (Anzahl 7).

Weiterführende Literatur

(1) Gentechnisch veränderte Rinder BSE-resistent?
aus Frankfurter Allgemeine Zeitung, 02.01.2007, Nr. 1, S. 9

(2) Geldhaie im Genpool
aus Der Spiegel, 15.01.2007, Nr. 3, Seite 144

(3) Schöpfung - Version 2.0
aus Süddeutsche Zeitung, 30.12.2006, Ausgabe Deutschland, S. 24

(4) O.V., Ausblick 2007: Biotech-Branche vor weiteren Übernahmen Produkte im Fokus, www.bionity.com
aus Süddeutsche Zeitung, 30.12.2006, Ausgabe Deutschland, S. 24

(5) Eine Handvoll Erde macht deutsche Chemie international fit
aus VDI NR. 51 VOM 22.12.2006 SEITE 15

(6) O.V., Schulterschluss der deutschen Industrie bei mikrobieller Genomforschung, www.bionity.com
aus VDI NR. 51 VOM 22.12.2006 SEITE 15

(7) Milliarden mit Medikamenten Pharma-Riesen gehen auf Einkaufstour in der Biotechnologie-Branche
aus Aachener Nachrichten vom 02.01.2007

(8) Stammzellen im Fruchtwasser

aus Der Spiegel, 08.01.2007, Nr. 2, Seite 192

(9) Krebsmittel macht Merck Hoffnung auf Umsatzschub Studie belegt zusätzliche Wirkung des wichtigsten Produkts
aus Financial Times Deutschland vom 11.01.2007, Seite 8

(10) Pharma-Hoffnungen
aus Handelsblatt Nr. 6 vom 09.01.07 Seite 12

(11) O.V., Biotechnologie-Firmenumfrage 2006 von biotechnologie.de, www.biotechnologie.de
aus Handelsblatt Nr. 6 vom 09.01.07 Seite 12

Impressum

Biotech-Szene - Positive Erwartungen für das Jahr 2007

Bibliografische Information der deutschen Nationalbibliothek

Die Deutsche Nationalbibliothek verzeichnet diese Publikation in der deutschen Nationalbibliografie; detaillierte bibliografische Daten sind im Internet über http://dnb.d-nb.de abrufbar.

ISBN: 978-3-7379-2735-2

oder ähnliche Einrichtungen und die Einspeicherung und Verarbeitung in elektronischen Systemen.